AF246036

LETTRE

AU CÉLÉBRE

CAMILLE DES-MOULINS:

Sur l'inscription en faux qu'il a glissée, à la pag. 483 de son N°. XXIV., contre une assertion de Pline le Nat. touchant le changement de fexe, fuivie d'un *Poft fcriptum.*

Sur deux Décrets très-peu preffants de la féance du 8 Mai au foir, dans notre augufte Affemblée Nationale.

Par M. l'Abbé RIVE.

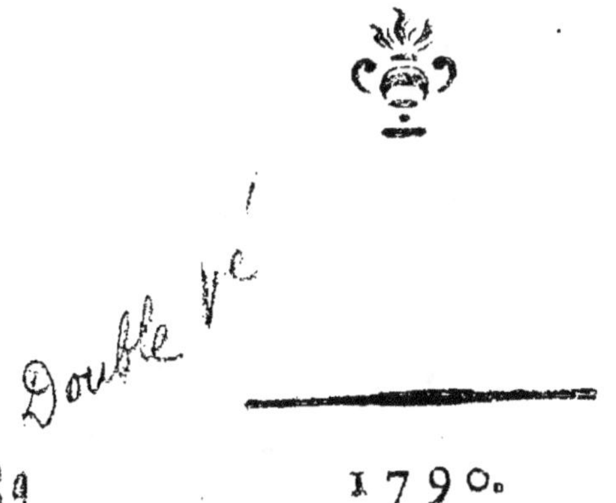

1790.

ERRATA.

Pag. 6, premier alinéa, cinquieme ligne : roud ; *lisez*, roud.

Ibid. quatrieme alinéa, premiere ligne : Médecln ; *lisez*, Médecin.

Ibid. cinquieme alinéa : Jean Albert, Fabricius ; *lisez* ces trois mots *sans virgule.*

Pag. 8, troisieme alinéa : ces doigts ; *lisez*, ses doigts.

Pag. 9, troisieme alinéa : d'Alemqert ; *lisez*, d'Alembert.

Pag. 12, cinquieme, alinéa : 1786 ; *lisez*, 1787.

Pag. 14, premier alinéa : cinq monstres ; *lisez*, cinq Monstres.

Pag. 15, premier alinéa : démengaison ; *lisez*, démangeaison.

LETTRE

AU CÉLÈBRE

CAMILLE DES-MOULINS.

ON ne peut, MONSIEUR ET TRÉS-CHER CONFRERE D'ARMES, vous avoir voué, à cause de votre ardent, généreux & éclairé Patriotisme, un attachement plus fraternel que celui qui me lie à vous.

Permettez-moi en conséquence de cet inviolable attachement, de joindre ici au paquet que je vous envoie une missive imprimée sur le ton trop tranchant qui vous est échappé à la pag. 483 de votre vingt-quatrieme N°. par rapport à un passage de Pline le Naturaliste.

1°. Vous n'avez cité ni le chapitre, ni le livre d'où vous l'avez tiré, & cela vous arrive assez souvent dans vos autres citations.

Sçachez que cette négligence déplait extrêmement aux personnes qui aiment l'exactitude, & qu'elles sont dans une défiance perpétuelle des citations qui ne sont pas bien & dûment circonstanciées.

2°. En citant ce passage, vous le corrompez, & vous faites dire à Pline ce qu'il ne dit aucunement.

3°. C'est très-mal-à-propos que vous vous inscrivez en faux contre le fait que Pline nous y atteste, & vous ne faites de cet Auteur qui mérite certainement beaucoup plus d'égards, qu'un sot & un imbécille.

Où se trouve ce passage de Pline ? Il est dans le quatrieme chapitre de son septieme livre.

Que porte-t-il ? Pline nous parle dans le sommaire de ce chapitre du changement de sexe (*de Mutatione sexûs.*)

Il fait précéder ensuite dans le corps du même chapitre divers faits analogues à celui que vous dépravez, & contre lequel vous vous inscrivez en faux.

A 2

Il rapporte entr'autres faits de cette forte que Licinius Murianus nous apprend avoir vu à Argos un jeune homme nommé ARESCON qu'on appelloit auparavant lorsqu'il étoit fille, ARESCUSA, & qu'à Smyrne il avoit connu un autre mâle qui étoit passé auparavant par le même sexe que l'ARESCON dont il est question ci-devant.

Pline ajoute de lui-même d'après votre passage, & dit en propres termes que lorsqu'il étoit en Afrique, il avoit été témoin lui-même qu'une prétendue fille de ce pays avoit été changée en mâle le jour même de ses nôces.

Comme il est question dans ses assertions du dernier sexe qui est le mâle, dans lequel avoient été changés les individus dont il parle, il les appelle du nom singulier commun *PUERUM*, & voici comme il s'explique.... *Ejusdem sortis & Smyrnæ puerum à se visum. Ipse in Africâ vidi mutatum in marem nuptiarum die, L. Cossicium civem Tisdritanum.....* (1)

Voilà, Monsieur, le passage en question tel qu'il est dans Pline; & voici comme vous nous le rendez vous-même, pour n'avoir pas voulu vous appliquer assez à le comprendre, ou pour l'avoir emprunté de quelque faquin qui jaloux de votre réputation, aura voulu vous compromettre avec certaines personnes qui sont très-enfoncées dans l'étude....... *Ipse vidi mutatum repente in feminam marem.*

Appercevez-vous à présent, Monsieur, dans votre passage les fourrures qui s'y sont malheureusement glissées, & trouvez-vous dans celui de Pline les mots *repente in feminam* qui sont dans le vôtre?

Dans le genre de l'érudition & de la bonne critique il faut être fidele copiste, & ne jamais s'égarer dans les régions d'une intelligence qui n'étant pas soutenue par de très-grandes lectures, ne peut que soulever contre des leçons imprudentes les personnes les plus appliquées aux études les plus profondes.

Pourquoi vous recriez vous contre ce passage de Pline? Cet Auteur est-il le seul parmi les Anciens qui nous parle de pareils Phénoménes?

N'avez vous jamais parcouru la Bibliothèque de Photius, & n'y avez-vous pas trouvé sur les colonnes 1146 — 1150 de sa seconde Édition Græco-Latine, diverses Anecdotes de la même espèce, tirées de Diodore de Sicile?

Mais je m'apperçois, Monsieur, que je vous fais rire, &

____

(1) Voy. à la fin.

que vous avez envie de me répondre que tant que je ne vous citerai que des Auteurs anciens fur des faits de cette forte, vous ne me croirez jamais, & que vous oppoferez toujours un mur d'incrédulité à toutes mes affertions.

Mais, vous diroit tout autre que moi, êtes-vous affez fçavant dans les fingularités de la nature, pour nier avec une fi grande hardieffe que ce que vous ne connoiffez pas foit jamais arrivé ?

Des fiècles de Diodore de Sicile & de Pline le Naturalifte defcendons à celui de St. Auguftin.

Cet Auteur ne nous affure-t-il pas qu'une prétendue fille de la Campanie fut changée de fon temps en garçon, & qu'on mena enfuite ce même garçon à Rome après fon changement pour y attirer les regards des curieux ?

Je vois bien, Monfieur, que vous ne voudrez pas non plus du témoignage de St. Auguftin, non pas qu'il fût un Ariftocrate calotin, mais parce que dans certains autres endroits il ne raconte que des balivernes.

Celui-ci je vous le cede volontiers, & en cela je n'eftime pas plus le Prédicateur Auguftin du moyen âge, que je ne fuis enthoufiafmé de votre J. F. Maury qui eft aujourd'hui l'Auguftin le plus intrépide & le plus décidé.

Mais du fiècle du Docteur d'Hippone venons à celui de Jerôme Bononius qui publia en 1479 à Trevife, *in-fol.* une édition de Pline-le-Naturalifte, avec les corrections de Philippe Beroalde, qui parurent pour la premiere fois dans l'édition du même Auteur, imprimée fuperbement fous le même format, en très-beau charactère rond, trois ans auparavant à Parme, & dont la Bibliothèque du Roi des Francois ne poffede aucun exemplaire, tandis que votre chétif confrere d'armes en a un fuperbe dans fon petit cabinet.

Si l'édition de Pline donnée par ce Jérôme Bononius, fût paffée entre vos mains, vous y euffiez trouvé une juftification excellente de ce Naturalifte fur divers chefs d'accufation que des Scavants trop légers ont mal-à-propos intentés contre lui, & principalement fur celui qui nous divife tous les deux l'un de l'autre.

Rejetterez-vous auffi, Monfieur, ce Bononius, & l'accuferez-vous de n'avoir flori que vers le crépufcule de la faine critique ?

Je fçais bien que l'amour de nier entraîne fi loin certains incrédules, qu'ils vont quelquefois jufqu'à croire qu'ils n'ont point de nez, quoiqu'ils en aient un auffi long que celui dont il eft parlé dans nos anciens Trouvères, & qui étoit de plus d'un pied.

(6)

Je veux que tous les Auteurs que je viens de vous citer vous paroissent fabuleux; mais que direz-vous de *Galeotto Martio*, qui dans son Traité *de Doctrinâ promiscuâ*, imprimé pour la premiere fois à Florence, *in-8°.* en 1548, par Lorenzo Torrentino, aussi en très-beau charactère roud, très-rare en France aujourd'hui, & dont je possede encore un exemplaire, ne s'amuse pas simplement à constater ces sortes de faits, mais qui entreprend même d'en donner la démonstration?

Vous pouvez la lire dans son 18me. chapitre.

Si ce livre vous parvient entre les mains, Martio vous paroîtra un peu trop s'égayer sur la matiere présente, & vous aurez soin d'en corriger quelques citations fautives.

Au reste, ce *Galeotto Martio* étoit un très-habile Médecln & un très-sçavant Naturaliste.

Sa vie a été massacrée par tous les Biographes que je puisse connoître, & je les ai tous relevés depuis Simler, Gerard Jean Vossius, Jacobillus, Moreri & ses Editeurs, Mercklin, Manget, Jean Albert, Fabricius, Mansi, Bruzen de la Martiniere, jusques à notre bien moderne Tirabofchi, dans une Notice que la veuve Valade m'imprima *in-8°.* vers la fin de l'année 1785, en un beau charactere rond de Garamont, qui est le frere cadet de celui que Didot l'ainé emploie dans certaines de ses belles éditions.

Je ne vous rapporterai pas ici l'éloge que fit en peu de mots de cette Notice un de vos Académiciens des belles-lettres..... » J'ai lu, m'écrivit-il, votre Notice avec une » entiere satisfaction, & j'ai admiré combien de travail » & de recherches ce peu de pages (il n'y en a que 16) » ont dû vous coûter..... »

Abandonnons encore ce *Galeotto-Martio*, & venons au célèbre Montaigne dont vous devez avoir lu les voyages dont Meunier de Querlon qui est mort depuis peu de temps a donné une belle édition qu'un plus habile Littérateur que lui auroit rendue bien plus sçavante.

Montaigne ne vous y parle-t-il pas à la pag. 7, *in-4°.* de *Marie la Barbue* qui en sautant un fossé perdit son sexe apparent de femme, & fut tout-à-coup changée en homme qui porta depuis le nòm de *Marie Germain* ?

Ce fait qui nous est si bien attesté par Montaigne, & qui ne répugne aucunement aux yeux de ceux qui connoissent parfaitement l'économie de la nature, arriva à Vitri le François peu de jours avant que Montaigne passât par la Province où ce lieu est situé, & il lui fut certifié par plusieurs témoins très-irréfragables, & sur-tout par son Evêque Diœcefain qui devoit en avoir par état la conviction la plus parfaite.

Je ne vous cite pas, Monfieur, les Hermarphrodites Accouchements de Duval, Rouen, *in*-8°. M. DC. XII., pag. 370 & 371, où vous trouveriez la confirmation de ces fortes de changements.

Mais que direz-vous contre l'Evangélifte de votre St. Cofme envers lequel & pour lequel tout votre amphitéatre de Paris jure ?

Cet Evangélifte eft le fçavant *Mercurialis*.

Ne nous apprend-t-il pas dans une belle édition de fon *Variæ Lectiones*, Paris, Nicolas Nivelle, M. D. LXXXV., *in*.8°. ch. 20, pag. 378, 379, que le changement de fexe dont Pline parle eft très-vrai, quoiqu'il s'infcrive lui-même en faux contre celui que vous avez prêté de fi bonne grace à ce même Naturalifte, auquel vous avez très-légérement & très-cavaliérement fait dire qu'il avoit vu lui-même un garçon changé en fille?

Mercurialis obferve au contraire que ce changement de fexe ne s'opere que dans les filles qu'on a crues telles jufqu'à un certain temps, & que c'eft précifément au fortir de leur puberté, & lorfque les premieres étincelles de l'amour commencent à pétiller chez elles.

Corrigez, s'il vous plait, en vérifiant ce chapitre 20 de *Mercurialis*, la fauffe citation qu'il fait du livre de Pline où ce fait eft configné.

Comme vous ne fçauriez avoir, Monfieur, trop d'éclairciffements fur cette vérité que tant d'Auteurs fçavants atteftent, joignez encore à *Mercurialis* le Traité *de Monftris*, par Fortunio Liceti, Amft. &c. CIↃIↃCLXV. *in*-4°. pag. 175 & 176.

Si tous ces Auteurs ne font pas capables de vous en impofer, informez-vous d'un fait arrivé depuis environ vingt-cinq ans dans la ville que vous habitez fur une de fes Paroiffes dont je ne vous dis pas à préfent le nom au jufte, parce que je vous écris cette miffive tout couramment, & que je n'ai pas le temps de compulfer celui de mes paquets de cartes qui me fourniroit le renfeignement dont je vous prive.

Cette Paroiffe eft ou celle de St. Sulpice, ou une autre dont j'ai oublié le nom.

Il s'agit d'une prétendue fille qui couchoit avec une de fes amies depuis dix ou douze ans, & qui, à ce que je crois, en fit enfuite fa femme, lorfque fon fexe viril fe fut parfaitement déclaré.

(8)

Je finis cette lettre, en vous obſervant qu'Agelle qui ne
parle pas toujours bien de Pline, témoin ce qu'il en dit,
liv. 10, ch. 12, loin de le contredire ſur cette ſorte de
changement, ſouſcrit au contraire à ſon autorité. (Liv. IX.
ch. IV. pag. 213, Lugd. Bat. *in-8°.* 1687.)

Delà je ſuis très-ſurpris qu'Eſtienne Laigue ait paſſé
ſous ſilence une pareille métamorphoſe dans le commentaire très-utile qu'il a fait imprimer ſéparément ſur cet Auteur en 1530, *in-fol.* Paris, avec le plus grand luxe typo-
graphique. Voy. ſon *recto* LXXX.

Je donnerai un jour une Notice ſur ce commentaire,
dans laquelle je releverai preſque tous les Bibliographes,
& ſur-tout le haſardeux La-Monnoye, & L'INFINIMENT
PETIT Rigoley de Juvigny qui n'avoit d'autre mérite que
celui de porter autour de ces doigts les beaux bijoux de ſa
mince érudition précaire.

Je ſuis, Monſieur & très-cher Confrere d'Armes,

Votre très-attaché
L'Abbé RIVE.

Aix Lundi 17 *Mai* 1790.

P. S. Ai-je tort, Monſieur, quand je vous dis dans
l'avis très-amical (pag. 143) qui eſt à la fin de l'ouvrage
que vous recevrez bientôt, que je déteſte de tout mon
cœur les charlatans d'Académies, & n'ai-je pas parfaitement raiſon en voyant qu'il y en a certains d'entr'eux qui
veulent jongler notre très-auguſte & notre très-reſpectable
Aſſemblée Nationale ?

Rappellez-vous, Monſieur, les deux Décrets de la ſéance
du 8 mai au ſoir ſur la FIXATION DE L'UNITÉ NATU-
RELLE DE MESURES ET DE POIDS, & ſur LA FIXATION
INVARIABLE DU TITRE DES MÉTAUX MONNOYÉS.

Ces deux Décrets ne peuvent avoir été inſinués à notre
très-ſplendide Sénat François, que par des gens ou courts
d'études, ou intéreſſés à trop faire valoir leur profeſſion
académique.

Eſt-ce qu'une patente académique change les hommes?

Si les onctions ſacrées qu'a reçues ſur ſes SACRÉS
POUCES *l'homme* de la ſéance du 7 mai au ſoir, *à qui,*
comme le dit un Journaliſte, *la démence,* ou, à ce qu'on
croit, *l'ivreſſe a fait vomir ſans motif & ſans impulſion,*
des blaſphêmes & des imprécations revêtues de ces mots plus

que *groffiers que le dernier des humains prononce en rou-
giffant* CONTRE NOTRE AUGUSTE ASSEMBLÉE ET SON
TRÉS-VÉNÉRABLE PRÉSIDENT (Journal de Nîmes, N°.
78 de la feconde centaine, pag. 636), ne lui ont pas fait
perdre fon charactere indélébile d'homme MAL NÉ, com-
ment voulez-vous qu'une Patente Royale dictée par le defpotifme faffe changer de charactere l'individu qui en eft le
porteur ?

Si c'eft le defpotifme feul des Membres qui fe coalifent
pour la formation d'une CONFRERIE littéraire, & fi le
defpotifme de ces Membres provoque celui qui écrafe po-
litiquement les Nations, pourquoi les François, à préfent
qu'ils font libres, fouffriront-ils chez eux des corps infolem-
ment exclufifs & cruellement à charge aux Nations aux-
quelles le charlatanifme de certains de leurs Membres, &
fur-tout de ceux qui font les plus intriguants & les moins
fçavants, caufe tant d'efcamotages ?

Toutes les fociétés littéraires doivent être libres, & il ne
doit jamais y avoir à leur tête des Tyrans tels que les Du-
Clos & les d'Alemqert.

Si notre furieux & enragé Maury n'étoit pas une vile
fraction de nos 40, ainfi qu'on le dit d'après moi dans le
premier Tome de la *Chaffe aux Bibliographes* (pag. 460),
& fi notre Jean tout court de la déteftable Déclaration
dont j'ai parlé dans mon Avis très-amical que je vous ai
adreffé (pag. 143), n'eût pas partagé avec lui le même
UMBRATILE honneur, euffent-ils ofé l'un & l'autre lancer
contre la Nation les traits auffi foux d'un TYPHE auffi in-
fupportable que ceux qui leur font échappés contre elle ?

Ce font les Corps patentés & les individus fi fottement
privilégiés & couverts de guirlandes académiques par les
Fanchon ou les Rofalie du grand ton de Paphos, qui font
extravaguer les petites têtes, & qui changent ces Pigmées
en Géants.

O ma Nation ! ouvres une fois tes yeux pour découvrir
jufques dans leur immenfe profondeur les voraces abymes
qui ont englouti ta liberté, & fçaches que les privilégiés
littéraires ont été les plus ardents provocateurs du defpotifme miniftériel contre toi.

Mais revenons aux deux Décrets furpris à notre augufte
Affemblée dans la féance que j'ai citée.

Faut-il qu'une Affemblée Nationale fupplie fon FILS POLI-
TIQUE & fon PREMIER DÉLÉGUÉ (2) d'écrire à fa Majefté

---

(2) Voy. à la fin.

Britannique pour faire concourir avec elle le Parlement de
fa Nation pour la FIXATION DE L'UNITÉ DE MESURES ET
DE POIDS, & qu'en conféquence, fous les aufpices des
deux Nations, des Commiffaires de l'Académie des Sciences
de Paris fe réuniffent en nombre égal avec des Membres
choifis de la Société de Londres, dans le lieu qui fera jugé
refpectivement le plus convenable, pour déterminer à la
latitude de 45 dégrés, ou toute autre latitude qui pourroit
être préférée, la longueur du pendule, & en déduire un mo-
dèle invariable pour toutes les mefures & pour les poids?

Ce modele n'eft-il pas déjà trouvé depuis longtemps, &
les fages Anciens ne nous l'ont-ils pas tranfmis depuis plus
de quatre mille ans? Si ce n'eft par le moyen du pendule
fi vanté de nos jours, n'eft-ce pas par la grandeur connue
d'un degré de notre méridien terreftre?

Qu'on voye fur la pag. 104 & 105 de la *Métrologie de
Paucton*, fi une mefure univerfelle, déduite de la grandeur
d'un arc du méridien, n'auroit pas au moins cet avantage
fur celle qui fera tirée de la longueur du pendule qui
battroit non les fecondes, mais les demi-fecondes (ce que
le Décret infpiré à notre augufte Affemblée Nationale
n'explique pas), que la premiere feroit partie aliquote
d'un degré de l'un des grands cercles de la terre, & qu'elle
apporteroit par-là une grande fimplification dans les opérations géographiques.

J'ajoute qu'elle éteindroit la foif de l'or dans les Charlatans d'Académies.

Ne confervoit-on pas jadis dans le Palais de nos Rois
& du temps de Charles-le-Chauve un ancien étalon royal
qui avoit été formé fur le module pris par les anciens Egyp-
tiens dans la nature, qui étoit auffi ingénieux & auffi exact,
pour ne rien dire de plus, que la mefure du pendule?

Si l'on avoit recours aujourd'hui à cette même mefure
que les Anciens nous ont tranfmife, & qui eft fi invariable,
nous irions revivre avec eux, & revenants eux-mêmes parmi
nous, nous jouirions tous enfemble des mêmes obfervations
géographiques; & cette même communauté de jouiffances
en ce genre, rendroit nos études bien plus commodes &
bien moins martyrifantes.

Faut-il fe priver de jouir de ce qui eft déja trouvé, pour
fuivre la mode d'une nouvelle invention qui, ne donnant
pas de meilleurs réfultats, offre moins de fimplification &
par conféquent moins d'avantages?

Le moyen du pendule n'eft-il pas aujourd'hui à l'Académie des Sciences ce que l'aëroftat de Pilaftre-de-Rofiers fut à fes yeux.

Elle ne fe laffoit pas d'en prédire des merveilles, foit pour la découverte des aftres, foit pour mille autres vifions dont elle s'étoit alors infatuée. Mais qu'en réfulta t-il?

Ne fut-ce pas l'écrafement de ce faltinbanque aërien?

Avant de paffer au fecond Décret de notre augufte Affemblée, obfervons fur l'égalité des mefures & des poids qu'elle vient d'ordonner, qu'elle étoit établie autrefois, felon Polybe, liv. 2, (3) dans l'Achaïe & dans le Peloponnéfe.

Des Grecs elle fut apparemment infpirée aux Provençaux par les Marfeillois qui les régiffoient prefque tous par leurs belles Loix & par leur admirable fageffe politique, puifque les Peres du 6e. Concile d'Arles tenu en 813, ordonnent dans leur 15e. Canon l'établiffement de cette même égalité, & que ce Concile eft le premier monument facré de France où on trouve une Ordonnance fi utile.

Le malheureux fyftême féodal qui s'étoit introduit quelques fiècles auparavant néceffita vraifemblablement ce Décret, & ce fut, à ne pas en douter d'après lui, que Charles-le-Chauve rendit en l'an 864 fa fameufe Ordonnance par laquelle il voulut dans fa premiere partie que les mefures qui fe trouveroient trop grandes dans toute l'étendue de fa domination, fuffent réglées felon l'ancien ufage fur l'étalon royal qu'il confervoit dans fon Palais.....
Ut menfuram fecundùm antiquam confuetudinem de Palatio noftro accipiant.

Philippe-le-Bel, Philipe-le-Long & Louis XI. ce cruel tyran de la France voulurent réduire fous leurs regnes les poids & les mefures à la même égalité. (Voy. Bodin, de la République, liv. 1, ch. X, pag. 178 de l'édition de Paris, *in-fol.* 1577, qui eft très-rare à caufe de fes fingularités, & que j'ai cédées au grand amateur de livres, M. Paris dit Meyfieu.) '

Mais ils furent arrêtés par le poids immenfe de l'édifice féodal.

Bodin rapporte qu'il exiftoit de fon temps dans la Chambre des Comptes un procès-verbal des Commiffaires, par lequel on voyoit que l'exécution de cette égalité fe trouva bien plus difficile qu'on ne l'avoit d'abord penfé par les différents & les procès qui en réfulteroient.

---

(3) Voy. auffi à la fin.

Je défire que puifque le coloffe féodal vient d'être abattu fur fa bafe, les livres de conciliation entre les différents poids & mefures d'autrefois, & les poids & les mefures communes de nos jours, qui feront dreffés par ordre de notre augufte Affemblée, ne nous engendrent aucuns différents & aucuns procès.

Tout ce que j'aurois voulu, c'eût été que notre Nation eût laiffé la compofition de ces fortes de livres à la noble émulation des fçavants Patriotes, & qu'elle n'en eût pas chargé de préférence des efclaves patentés qui ne travaillent qu'à la toife, & que pour de l'or.

Nous voici au fecond Décret.

Notre augufte Affemblée defire de fixer invariablement le titre des métaux monnoyés.

Comme je prends fon Décret, ainfi que tout ce qui en émane de très-fage, *BENIGNIORI SENSU*, je me perfuade que la fixation invariable du titre qu'elle defire ne regarde que celui de l'or & de l'argent, & qu'elle n'a envifagé aucun autre métal.

Pour cela elle aura la complaifance de fe reffouvenir qu'il n'y a rien de plus difficile & de plus ingrat dans la Phyfique que les opérations chymiques de l'orfévrerie & des monnoyes, & c'eft ce que je crois avoir parfaitement démontré dans le Mémoire qui fut imprimé en 1786 dans une affaire d'un de mes freres, qui étoit pendante devant la Cour des Monnoyes de Paris, contre une miférable partie civile & contre divers exécrables Officiers du Tribunal de la Jurif-diction Monnétaire de cette ville, que je prendrai certainaiment à partie dans mon prochain retonr à Paris, ainfi que je l'obtins alors de cette Cour fi fage & fi jufte.

Que d'accidents imprévus & inconnus venants du feu, de l'air, des foufflets de la forge, de la matière des creufets ou coupelles, de la qualité primitive des métaux à allier, de leur pefanteur fpécifique, ne s'oppofent-ils pas affez fouvent à l'incorporation égale de la matière alliée dans celle avec laquelle on l'allie?

Cette incorporation eft-elle jamais telle qu'on la defireroit, & n'eft-elle pas un fecret que le fuprême Auteur s'eft réfervé?

Pline, Guillaume Budé, Ch. Du Moulin, Agricola, Covarruvias, Bilibald Pirckeymer, Jean Bodin, Albert Brunus & le fçavant Savot trouvent-ils cette incorporation auffi aifée qu'elle eft defirée?

Le dernier ne dit-il pas même qu'on ne peut affiner parfaitement l'or & l'argent, felon l'avis des plus fages Experts & des plus habiles Orfevres?

N'ajoute-t-il pas que les autres métaux avec lefquels on les allie ne fe mêlent jamais avec eux en parcelles auffi petites & auffi menues que des atômes, comme l'eau fe mêle avec le vin ?

C'eft ce qu'il attribue à la différence de leurs poids refpeEtifs. V. les pag. 87 , 99 & 91 de fon *Difcours fur les médalles antiques*, in-4°. Paris , M. DC. XXVIII.

La matiere des effais du titre n'offre-t-elle pas auffi des incertitudes infurmontables ?

M. Orry, Contrôleur-Général des Finances, ayant ordonné en 1735 deux effais faits fur différents morceaux coupés d'une même pièce, l'un par l'Effayeur général, & l'autre par l'Effayeur particulier des Monnoyes de Paris, ne produifirent-ils pas, l'un plus de fin, que l'autre ?

Le Roi regnant alors, pour fe tirer de cette incertitude, ne fit-il pas effayer d'autres morceaux de la même piece à Amfterdam & à Londres? Les réfultats de ces effais qui lui parvinrent ne différerent-ils pas encore les uns des autres, & même de ceux qu'il avoit eus de fon Hôtel des Monnoyes de Paris ? (V. les *Effais des matieres d'or & d'argent*, par M. Quevanne, Confeiller du Roi, &c. *in-8°*. pag. 11 , Note 4.)

Que fit alors le Roi ? N'aima-t-il pas mieux, d'après des réfultats fi différents & fi peu fûrs, fuppofer en matière légère les effais incertains, que de les croire frauduleux ?

Ainfi je me perfuade que notre augufte Affemblée Nationale qui montre tant de zèle non feulement pour le BIEN, mais encore pour le MIEUX, aura bien de la peine à parvenir à la fatisfaEtion des recherches, que des opinants qui croyent tout poffible, me paroiffent lui infpirer trop brufquement.

Quoique l'Empereur Vefpafien fe piquât de tenir fes monnoyes d'or au plus haut degré de fin, Bodin (ci-deffus, ch. 3, liv 6), ne nous dit-il pas que celle qu'on en fondit de fon temps très-authentiquement & très-folemnellement à Paris, confervoit encore nonobftant fa grande pureté, la 788e. partie d'empirance ou d'alliage ? (Savot, ci-deffus, pag. 67.)

Que notre très-admirable Nation qui veut porter fa gloire au plus haut degré, faffe un jour battre fon or & fon argent, le plus près de 24 caraEtz pour l'un, & de 12 deniers pour l'autre, qu'elle le pourra, elle rendra certes fes faftes immortels. Mais tandis que le couteau defpotique des barbares JEAN DE DIEU, & EMMANUEL-FRANCOIS vient s'enfoncer dans mes entrailles par la main fanguinaire de l'ex-purpuracé Roman , & de ses deux insignes consorts, qui depuis plus de 18 mois me refusent avec obstination mes émoluments, Distraire notre très-auguste Assemblée par des propositions de Décrets qui peuvent très-bien se différer, de l'Erection souverainement pressante des Tribunaux de Justice, qui doivent rappeller des bords du tombeau des Officiers très-utiles au Peuple François par la profondeur de leurs études, & la sagacité de leur direction, & qui sont prêts à y descendre par l'horrible injustice des cinq monstres dont j'ai à me plaindre, c'est certainement trop caresser son opinion, & paroître poursuivre avec trop d'ardeur ses propres intérêts particuliers.

Je souffre moi-même, depuis tout le temps que je viens d'indiquer, la plus cruelle oppression de la part des deux Algériens violets d'Aix & de Fréjus, sans avoir encore osé porter mes plaintes à notre auguste Assemblée, de peur de lui enlever une heure de temps pour moi sur celui qu'elle s'est imposée de consacrer au bien national en général ; & ne voilà-t-il pas qu'un misérable *prurit* de gloire tourmente un de ses Membres pour lui arracher un Décret qui pouvoit être retardé sans nuire à l'intérêt des François !

Adieu encore une fois, mon très-cher Confrere.

Mardi 18 du même mois.

---

(1) Que le mot *PUER* ait été chez les anciens Latins des deux genres , il n'y a pas à en douter. Est-ce que Livius ne dit pas dans son Odyssée en nous parlant de Junon...... *Sancta PUER Saturni filia*, & Nevius n'appelle-t-il pas aussi Proserpine , dans le second livre de sa guerre punique..... *Cereris Proserpina PUER ?* Voy. Priscian, liv. 6, pag. *versâ* 59 de l'édit. de Aldes, *in-8°.* Venise, M. D. XXVII.

(2) Ces mots quadrent-ils avec celui DE SUPPLIER si usité dans notre Auguste Assemblée Nationale, & avec ceux DE MES SUJETS, MON PEUPLE, inspirés depuis plus de 900 ans à nos Rois par le Haut Clergé Séculier & Régulier, selon que je l'observe sur la pag. 428 de l'ouvrage que vous recevrez, d'après le 23e. Canon du sixieme Concile de Paris, tenu en 829, dans lequel les Peres de ce Concile anéantirent la morgue de ces Prélats & de ces Abbés dont les uns disoient des Prêtres de leurs Diœceses...... MES PRETRES, & les autres, des Moines de leurs Abbayes..... MES MOINES.

De cette morgue Cléricale eſt certainement née la dé-
mengaiſon miniſtérielle de dire au nom de nos Rois .....
MES SUJETS, MON PEUPLE.

(3) Que l'on ſe fie aux Auteurs pour leurs citations, &
l'on verra ſi l'on ſera bien reçu des Gens de Lettres qui
aiment l'exactitude.

Bodin que j'ai cité dans mon Texte, nous renvoye pour
l'anecdote que j'ai tirée de Polybe, à ſon liv. 3, ch. 1.

Comme je n'écris jamais aucune citation d'Auteurs ſur
la parole de ceux qui me la fourniſſent, j'ai vérifié mon
Polybe d'après la belle Edition, *in-fol.*, Paris, M. DC. IX,
que j'en conſerve dans mon cabinet ſur grand papier, qui eſt
très-rare ſur ce grand format, & qui vaut ſelon la beauté
de ſa reliûre & de ſes marges, au moins 160 liv., & j'y
ai trouvé que Bodin auroit dû en |citer le liv. 2, *Poſt Medium.*

En effet, cette citation tombe ſur la pag. 125 de cette
Edition de Paris, qui eſt bien après le milieu de ce ſecond
livre.